国語のアクティブラーニング

音読で育てる読解力

小学2年～4年対応　3

有限会社　言問学舎

国語のアクティブラーニング　音読で育てる読解力　小学２年～４年対応３　目次

はじめに　〈真の国語〉とは

文京区本郷・西片で〈真の国語〉を教えて二十一年、そのための教材『国語のアクティブラーニング　音読で育てる読解力』ほかの出版をつづけて満五年。コロナ禍のため当初計画より遅れましたが、このほどシリーズ完結篇を刊行することとなりました。言問学舎としても大変大きな節目ですから、この機会に、〈真の国語〉についての定義をまとめました。

〈真の国語〉とはいかなるものか。それは端的に言えば、「正解の見つけ方を学ばせるのでなく、文章の本質を読みとる力を育み、さらに学習者自身の人間性をその本質と向き合わさせ、その上で自分の考えをまとめて表現できる力を育てること」であります。

このことと、入試で高い得点を取ることは別のことと考える人が多いかも知れません。しかし言問学舎では創業当初からそれを両立させ、多くの卒業生が感謝の言葉を寄せてくれています。その中の一人の言葉をご紹介します。

〈言問学舎の真価はひと言でいうと、大学受験の勉強をしていながら、「受験勉強オンリー」ではなく、真の学力、教養が自分の身についたと感じることです。大学受験の評論文の勉強をする時でも、先生は、大学進学後の勉強を見すえて、いろいろな考え方や基礎知識も、教えてくれました。もちろん受験勉強としても、ここで国語の勉強をすれば、国語は平均して点が取れるようになるので、志望校合格を強力に後押ししてくれるようになりますよ。〉

この人は小学校時代から中学・高校を通して大学受験の高3の年まで通ってくれましたから、「大学受験」について述べてくれていますが、その部分はそのまま「高校受験」「中学受験」に置き換えていただくことができます。また、小学校時代から通ってくれたので、言問学舎の骨格である「音韻を正しくつかむ音読」を、みっちり実践してから中学・高校に進んでいます。その「国語の骨格」をつかんでいたことも、おそらく大きいでしょう。なお、この人とは別の、この春法政大学に合格して進学する受験生は、大学入学共通テストの国語で２００点中１７３点を取り、共通テスト利用でも日東駒専から法政までかなりの合格を勝ちとることができました（進学したのは法政の一般合格の学科です）。国語の骨格、〈真の国語〉を身につけているからこそ、受験国語の解き方を実戦的に鍛えることで、本番でも高得点をマークすることができるのです。

ここで私と言問学舎が提唱・実践している、「音韻を正しくつかむ音読」について述べますが、その音読そのものは、当然のことながら私の独創ではありません。私自身がかつて国語を学んだ過程でお導きをいただいた、ある恩師の教えが、私の国語の力を大きく伸ばす原動力だったことを、今自分が子どもたちに音読をしていて強く感じますし、また私が最初に塾で国語を教えはじめた時の子どもたちが、「先生に読んでもらうと文章の内容がよくわかる」と言ってくれたこと、その二つの原体験のようなものが、この「音韻を正しくつかむ音読」の土台になっています。本シリーズ『国語のアクティブラーニング　音読で育てる読解力　小学5年生以上対象2』の「はじめに　真の国語を学んでいただくために」において、その内容を詳しく解説してあります。

また読解シート（およびスーパー読解シート）も、この形を作るためにサンプルとしたものはありませんが、つまるところ、私が四十年、五十年国語と文学を学んで来て、あらゆる機会に経験し、考えたことを、教材の形に落とし込めばこうなる、と体現させたものです。すなわち多くの先生方や、文学をともに学んだ人たちがいろいろな形で教えて下さった、多様な考え方のエッセンスを、凝縮させたものであります。さらに言い方を変えれば、私自身がかつて国語を学ぶ側だった際にたどった経緯を、この教材を通して追体験してもらう。このように文章、国語と向き合えば、国語の力がつきますよ、という、私自身の実体験を教材の形に展開し直したものだと言っていいでしょう。もちろん文学作品だけでなく、評論、論説文も、音読することで正しく、深く読むことができるようになります。

そして、この『国語のアクティブラーニング　音読で育てる読解力』をシリーズとして完結させることができるまでには、多くの方のお力をお借りしましたし、また、言問学舎で実際に学んでくれる子どもたちに教えられた面も大きいです。たくさんの人の力を総合し、1冊ずつつくりながら磨き上げてきた「完結篇」が、ここでお届けする「小学2年生～4年生対応3」なのです。

最後に一つ、重要なことを申し上げます。本書（本シリーズ）はお手本の音読の例として私の音読をＤＶＤとしてつけていますが、本来「音読」は、みんながてきるものです。住んでいる地域によってアクセント、イントネーションが違うこともありますし、「音読」のしかたに、「こうでなければならない」というものはありません。真剣に文章を読みとろうとする限り、自分なりの工夫をして、自分なりの音読をしていいのです。また、塾などで「国語をどうやって教えるべきか」と考えておられる先生方も、ぜひご自身の読み方で文章を読み、子どもたちに手わたしていただければ幸いです。

この本、このシリーズを糸口にして、多くの方に国語の楽しさを知っていただき、その人たちが国語の力を伸ばして下さることを、願っております。

では、たのしくて深い真の国語の世界へ、ようこそ。

◎勉強のすすめ方

1．作品を一つずつ、ＤＶＤの音読《おんどく》を聞きながら読んで下さい。文章だけ読んでもかまいませんが、一つ読み終わったら必ず、「読解《どっかい》シート」を書いて下さい。「シート記述例《きじゅつれい》」を参考《さんこう》にしてもかまいません。そして一度はかならず、じぶん自身が文章を音読して下さいね。

2．「読解シート」には、指定《してい》されている部分以外、「正解《せいかい》」は決められていません。あなたが感じ、考えたことを、すなおに書いて下さい。ここでは一つ一つの問いかけに対して「正解」を求めているのではなく、これらの問いかけに対して考えたことをまとめ、一つの作品についてのあなたの考えをせいりしていくための、「読解シート」です。

「シート記述例《きじゅつれい》」に書かれている内容も、すべて小学生がそのようにして書いたものです。あなたの書いた答えが、すなわちあなたの「個性《こせい》」であり、重要な材料なのです。

3．「読解シート」を書き終え、「シート記述例《きじゅつれい》」とくらべたら、巻末《かんまつ》の原稿用紙を使って、感想文を書きましょう。この場合も「文例」を参考にしてかまいません。

保護者のみなさまへ

本書は、「正解にたどりつく過程」を身につけるための教材ではありません。お子さんが、「自分で感じ、考えたこと」を表現するのをサポートする教材です。記述例や文例に沿っているかどうかではなく、お子さんらしい感じ方があらわれているかどうかで、書いた内容を見てあげて下さい。書き上げた感想文についてのご相談は、メールで言問学舎までどうぞ。詳しくは次のページをご覧下さい。

読書感想文の添削について

本シリーズで勉強していただく時、保護者のみなさまが最もお困りになるのが、最後の感想文の段階かも知れません。読解シートに書いた内容をつなぎ合わせていけば良いのですが、その「つなげ方」も、一つの悩みどころであることは承知しております。

しかしその過程を、あるパターンで部分部分、考えた内容をあてはめるだけとするテンプレートのような形式は、表現力を磨く勉強にはなりませんし、お子さんたちが書く文章の方向性、可能性をせばめますから、本シリーズではそうした形態を採用しておりません。

その代わりに、もとは小学生（一部の巻では中学生、高校生が書いた文章も含んでいます）が書いた文章から、接続詞を吟味し文章の構成も一部手直しした「文例」を別冊に収載しておりますので、それを参考になさって下さい。「つなげ方」については、文例にならっていただいて一向にかまいません。

また、書き上げた感想文につきましては、当面の間無料にて、言問学舎舎主・小田原漂情が添削してお返しします。当初刊行の２冊の初期出荷時には「当初２篇まで無料」の案内文をはさみこんでありましたが、シリーズ６巻すべてについて、無料で対応致します。「当面」の期間ですが、最低限、令和六（二〇二四）年一二月三一日までにメールが到着した分は、すべて無料で添削します（ただし個人の方に限ります）。また添削費用を申し受ける形にする際はホームページで告知します。

添削御希望の方は、下記メールアドレスまで、メールにワードのファイルを添付してお送り下さい。ワード入力済みのものは１～２週間で添削の上、お返し致します。画像でも受け付けますが、当方でワード入力後に添削する必要があるため、３～４週間、時間をいただく場合があります。また形式によらず、７月２１日～８月３１日の夏期講習期間は多めに時間を頂戴します。ご承知おき下さい。

hyojo@kotogaku.co.jp　言問学舎　小田原漂情あて

もっちゃん5　もっちゃんのお誕生日《たんじょうび》

　もっちゃんは、もうすぐお誕生日《たんじょうび》です。十三才になります。人間で十三才といえば中学一年生か二年生、まだ子どもと言えますが（悩《なや》みの多い思春期《ししゅんき》に入ったころではありますが）、わんちゃんの十三才は、けっこう高齢《こうれい》です。もっちゃんの十三才を人間におきかえると、六十八才になると言います（動物の年齢《ねんれい》を人間におきかえるのには、いくつかの説《せつ》があるようです）。ですからここ何年か、若《わか》い時とはちがうところがいくつか出てきたということです。

　まず、若《わか》いころのもっちゃんは、人なつっこくて、ほかのわんちゃんを連《つ》れているやさしそうな飼《か》い主《ぬし》さんにあまえるのが大好《す》きでした。それはもう、すぐに「ごろん」とおなかを見せて横《よこ》になり、おなかをなでてもらったものです。

野生《やせい》の獣《けもの》なら、体を上向《うえむ》きにしておなかを見せたらそれは負《ま》け、いのちの終《お》わりを意味《いみ》します。町の中でおさんぽをしているわんちゃんに、それほどのことはありませんが、しかしよほど相手《あいて》のことを信頼《しんらい》していなければ、おなかを見せてあまえることもないのでは？と思《おも》われます。でももっちゃんは、それほど親《した》しい人でなくても、「ごろん」を連発《れんぱつ》していました。ある時は小学生数人《すうにん》に、もみくちゃにされるようにして、おなかをずっとなでられていたのです。

そんなもっちゃんですが、お年を召《め》すとともに、「だれにでもなつく」ことはなくなりました。もともと、家族《かぞく》の中で、あまりもっちゃんをからかいすぎると、「ヴーッ、ガウガウ」と怒って「悪魔顔《あくまがお》」をすることがあったのですが、今はおさんぽで知らない人が近づくと、「ヴーッ」の「ヴ」の顔《かお》になっていくので、パパがあわててなだめ、大ごとにならないようにしているのです。

そんなもっちゃんも、お誕生日《たんじょうび》が来て、今日はごきげんです。わんちゃん用のケーキを用意《ようい》してもらっていますから、ろうそくをフーッ、とやりたいところですが、わんちゃんですから火はこわいので、ろうそくなしのバースデーケーキでおいわいです。食《く》いしんぼうのもっちゃんですから、家族《かぞく》の悩《なや》みは「早食《はやぐ》い」。家族《かぞく》の分のごちそうやケーキも用意《ようい》して、「さあ、みんなで食べよう」と食卓《しょくたく》がととのった時には、もっちゃんはもうぺろりと自分《じぶん》のケーキをたいらげてしまっているのでした。パパは内心《ないしん》がっか

りしながら、でもあまいケーキをしっかり食べてしあわせな顔《かお》をしている
もっちゃんを（注、ごしごしなでてあげました。

（注　わんちゃん用《よう》のケーキは、わんちゃんの健康《けんこう》を考《かんが》えて作られているので、そんなにあまくないそうです。でももっちゃんは、柿《かき》や梨《なし》などのくだもののほか、家族の食べるあまいお菓子《かし》などもほしがるので、あまいものが大好《す》きなのです。そしていつもは食べさせてもらえない人間用《よう》のケーキとそっくりなわんちゃん用《よう》のケーキをもらって、あまいおいしいケーキとして、むちゅうで食べてしまったのでした。

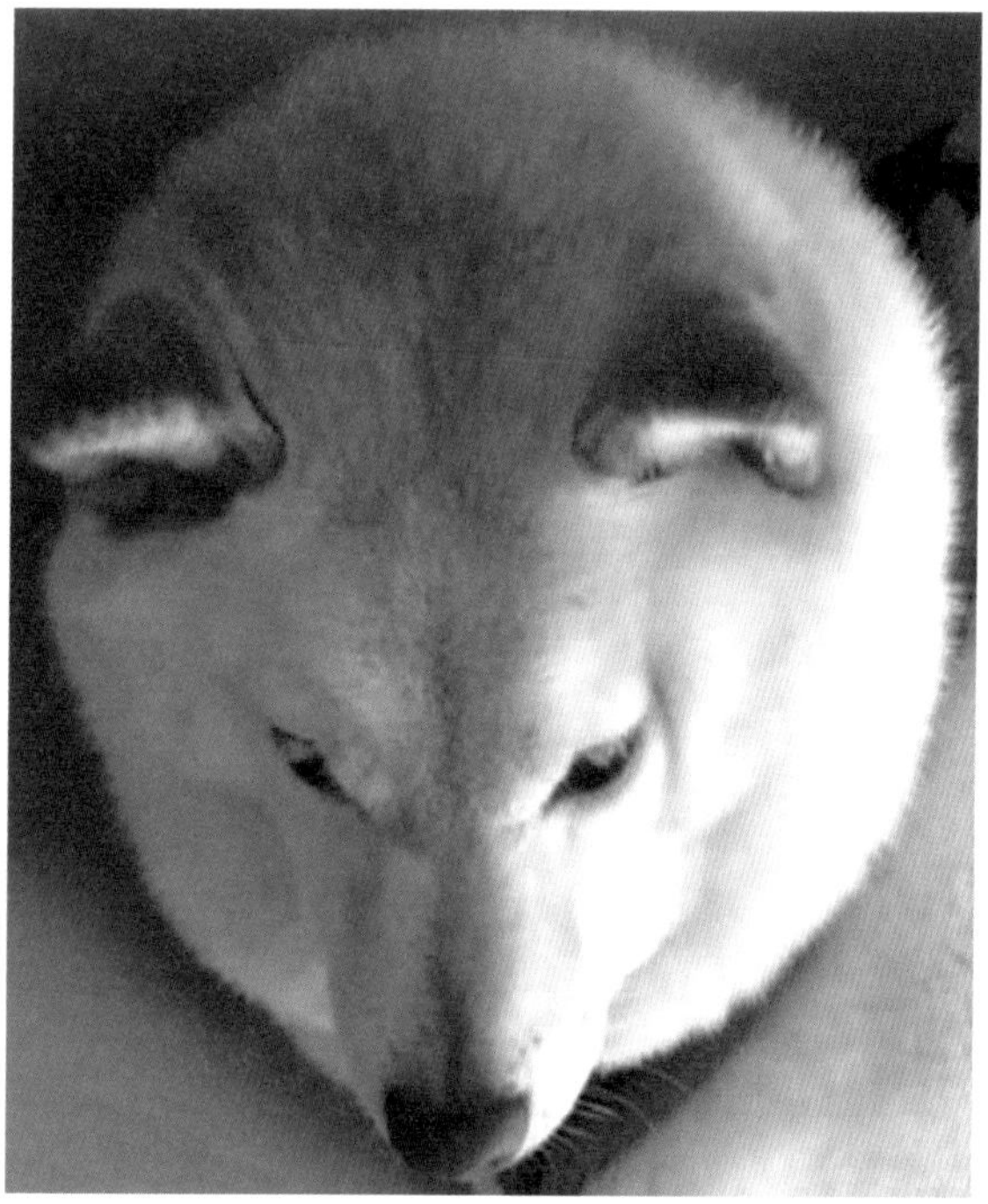

まんまるもっちゃん

じつはこの時、左にタヅ君が・・・

きんちゃんともっちゃん

もっちゃんとねこちゃん
（茶トラさんではありません）

みんなのもっちゃんは、こんなわんちゃんですよ！

読解シート　もっちゃん5　もっちゃんのお誕生日

①犬やねこの十三才は、人間におきかえると六十才以上の高齢にあたるといいます。そのことをどう思いましたか。

〈　　　〉

②若いころのもっちゃんがいろいろな人におなかを見せて「ごろん」をしていたことを、どう思いますか。

〈　　　〉

③もっちゃんの「悪魔顔（あくまがお）」を見てみたいですか。

〈　　　〉

④もっちゃんみたいに、「あまいケーキ」が好きなわんちゃんをどう思いますか。

〈　　　〉

⑤家族のみんなの食卓（しょくたく）がととのうころにケーキをぺろりとたいらげていたもっちゃんを、どう思いますか。またそのあとごしごしなでてあげたパパはどうですか。

〈　〉

⑥思ったことを、箇条（かじょう）書きにしてみましょう。

〈　〉

・		・		・	

★シート記入と「シート解答例」とのチェックがすんだら、原稿用紙に感想文を書いてみましょう！

ゆめの山ざと　帰りたくない！

東京へ帰る日が近づきました。さおりはおばあちゃんや明子ねえちゃん、しげるにいちゃんとともに過ごすいなかの家と、この自然《しぜん》がゆたかな大海《おおみ》の土地がすっかり気に入っていましたから、家族《かぞく》への思いとは別に、もう東京に帰りたくないという気持ちで、胸《むね》がいっぱいになっていました。

明日《あす》はお父さんが迎《むか》えに来る金曜日、夕飯《ゆうはん》の前に、さおりは明子ねえちゃんと、近くの川に出かけました。夏の夕暮《ゆうぐ》れどき、からすが山の方へ飛んで行き、少し秋めいた風が吹きすぎると、そのいっとき、涼《すず》しさを感じさせてくれます。

「ねえ、おねえちゃん。わたし、東京よりここの方が好き。ずっとここに住みたいと思ってるの。」

「あら、そうなの。それはうれしいわ。でもあたしたちから見たら、東京に住んでいるさおちゃんの方がうらやましいわ。」

さおりは明子ねえちゃんの思いがけない言葉に、ちょっとどぎまぎしてしまいました。

「ええ、そんなことってあるの。わたしの家のまわりは、だいぶ遠くまで行かないと林もないし、車も人も多すぎて、ちっともいいところだと思えないけど。」

「それはさおちゃんが、東京以外の土地に住んだことがないからよ。あ、それを言えばあたしもこの大海《おおみ》しか知らないけど、でも、東京に住んでいたら、新しく出た本やＣＤだって、すぐに買えるし、流行《はや》りのお洋服だって、いくらでもえらべるでしょ。いなかはそういうわけにいかないのよ。」

さおりの頭の中に、いつもお母さんと行く駅ビルの中の洋服屋さんが浮かんできました。お父さんの帰りの時間に待ち合わせて、本を買ってもらうこともよくあります。それが当たり前だと思っていたけど、めぐまれている、ってことなのかなあ。さおりは言葉を返すことができませんでした。明子ねえちゃんがつづけます。

「あたしねえ、さおちゃん。いま目標にしている高校に受かったら、高校のあとは東京の大学に行きたいと思ってるの。その時はよろしくお願いします、って、明日《あした》さおちゃんのお父さんがみえたら、お願いしようと思ってるのよ。」

明子ねえちゃんは、さおりを見つめるとにっこりしました。さおりは急に、明子ねえちゃんがさっきまでとは違《ちが》った意味で身近《みぢか》な人に感じられました。

「わあ、ほんと。おねえちゃんが私の家に住むの？うれしいなあ。」

「そんな、まだ住むところまでどうこうって話じゃないけど、でもその時は、さおちゃんよろしくね。」

「うん。わたし、おねえちゃんに東京をいっぱい案内《あんない》してあげる。」

「ありがとう。でもそのためには、頑張って何としても新東《しんとう》(注に合格しないと。もし受からなかったら、大学なんか行けなくなっちゃうわ。」

「むずかしいんですか、高校の試験。」

「そうねえ、一生懸命勉強してるけど、入試ですからね。何があるかわからないって、塾の先生にも言われてるの。そういえば、あたし、新城《しんしろ》の塾に行っているのよ。」

「新城《しんしろ》って、前に本屋さんに連れて行ってくれたところでしょ。豊橋《とよはし》から電車で来るとき、目印にしたのよ。」

「ああ、そうよね。さおちゃん、豊橋《とよはし》から一人で来たのよね。えらいわあ。こわくなかった？」

「こわくはなかったけど、新城《しんしろ》に着くまでに、駅の数なんかわからなくなっちゃった。お父さんが新城《しんしろ》をチェックしなさい、って言った意味が、着いてからわかりました。」

するとと明子ねえちゃんは、やさしい笑顔をさおりに向けてくれました。

「そうね。あたしたちも電車で新城《しんしろ》まで戻《もど》って来ると、『ああ、帰って来たなあ』と思うわよ。この間の修学旅行《しゅうがくりょこう》の時なんか、遠くまで行って来たから、特にそう思ったわ。」

「修学旅行《しゅうがくりょこう》か、いいなあ。どこへ行ったの。」

「京都と奈良《なら》よ。奈良《なら》公園で鹿《しか》さんにおせんべいあげるのが、楽しかったな。」

「おせんべい？」

「そう。鹿《しか》さん用のおせんべい、売ってるのよ、これくらいの。」

言いながら明子ねえちゃんは、両手の人指し指と親指で、まるい輪《わ》をつくってくれました。さおりも同じように輪《わ》をつくると、その輪《わ》を自分のおでこの前にかかげて、いろいろなものをのぞいてみます。最初は明子ねえちゃんの顔、次に川のおもて、崖《がけ》の途中《とちゅう》に生《は》えている小さな木。

それからふと気がついて、西の山の端《は》にしずみかけている太陽に、自分の手の輪《わ》をあわせてみました。ちょうどぴったりおさまっただいだい色の太陽が、ゆっくり下へ動くにつれて、空の赤みが増《ま》していきます。夕焼《ゆうや》け空《ぞら》を見つめるさおりの目に、涙《なみだ》がにじんで来ました。

「おねえちゃん、やっぱりわたし、帰りたくない！ずっとここにいたい。」

明子ねえちゃんは、だまってさおりの肩《かた》に手を置《お》きました。そして川の流《なが》れに目をそそぎながら、静《しず》かにつぶやくのでした。

「うれしいわ、さおちゃんのその気持ち。でもね、さおちゃんはまだ小学三年生でしょう。これからもっともっと、いろいろなところに行って、いろいろなことを知るはずよ・・・。もちろん、あたしだってまだまだこれから。いつか本当に、東京へ行ってさおちゃんのそばで暮《く》らすことになるかも知れないし、さおちゃんはさおちゃんで、毎年夏休みに来ることもできるのよ。いま、帰らないなんて、決めつけることはないと思うな。」

さおりは顔を上げて、明子ねえちゃんの横顔《よこがお》を見つめました。明子ねえちゃんは笑顔《えがお》をさおりの方に向けて、はずむような声でつけ足します。

「それにほら、自由研究《じゆうけんきゅう》の宿題《しゅくだい》だって、仕上《しあ》げなくちゃいけないでしょ。さおちゃんが帰らなかったら、だれがあれを提出《ていしゅつ》するの？」

「あっ、そうだった。まだ一か所《しょ》、わからないところがあるの。おねえちゃん、手伝ってもらえますか。」

「もちろんよ。さ、そろそろ晩《ばん》ごはんだから、うちにかえりましょ。」

「はい。」

明子ねえちゃんと一緒《いっしょ》に川べりの道を戻《もど》りかけると、うしろから二人を夕陽《ゆうひ》が照《て》らし、影法師《かげぼうし》が長く伸《の》びます。さおりは明子ねえちゃんの肩《かた》ぐらいまでの自分の背《せ》の高さが、おねえちゃんが東京に来るころまでには追いついているだろうかと思いました。山のおくから、ふくろうの「ホーウ」という声が聞こえました。

注　旧愛知県立新城東高等学校《あいちけんりつしんしろひがしこうとうがっこう》。地域《ちいき》を代表する進学校でした。

読解シート　ゆめの山ざと　帰りたくない！

①あなたもどこか遠く、また知らないところへ行き、最後に帰りたくない、と感じたことはありますか。くわしく教えて下さい。

〈　　　　〉

②東京に住んでいるさおりの方がうらやましいと言った明子ねえちゃんの気持ちはわかりますか。自分の町はどうですか。

〈　　　　〉

③さおりは、明子ねえちゃんが自分の家に住むかも知れないと聞いて、すぐ大喜びしました。どう思いますか。

〈　　　　〉

④明子ねえちゃんは高校受験のために一生懸命勉強しています。「受験」について、どう思いますか。

〈　　　　〉

⑤さおりは「自由研究の提出」のことを思い出して、気持ちが前を向いたようです。そんなさおりをどう思いましたか。

〈　　〉

⑥思ったことを、箇条（かじょう）書きにしてみましょう。

・

・

・

★シート記入と「シート解答例」とのチェックがすんだら、
原稿用紙に感想文を書いてみましょう！

ねこのまるちゃん5　おもい出す友たち

ねこのまるちゃんは、むかしのらねこでした。妹分《いもうとぶん》のみけちゃんといっしょに今の家に暮《く》らすようになって、もうだいぶ長いですから、みけちゃん以外に、家のうちそとで知り合ったり追《お》いはらったりしたねこも多いですが、いんしょう的《てき》で、何かのはずみに思い出すことが多いのは、なぜかのら時代の、強烈《きょうれつ》な記憶《きおく》がのこっているねこなのです。

いろいろなねこがいましたが、何といってもまるちゃんにとって忘れることができないのは、ボスねこのコバーンさんでした。ボスといっても、手下《てした》をひきつれているわけではありません。けれども体が大きく、気合いもすごいので、近所《きんじょ》のねこたちはみんな一目《いちもく》おいており、コバーンさんに逆《さか》らう者《もの》はいませんでした。さらに、「人をくった」性格《せいかく》で、道を歩いている人のところへ、真一文字《まいちもんじ》にだーっと走って行って（ふつうはそのまま、その人にあまえてころがりそうに思うところでしょう）、一メートルほど手前ですっと向きを変えるということを、ときどきやっていました。

まるちゃんのおうちの近所でも、とくに有名なねこさんでしたが、かなりの長生きをしたらしく、ある秋ひっそりと、姿《すがた》を見せなくなったのでした。まるはコバーンさんに媚《こ》びを売ったりはしませんでしたが（注、かと言ってけんかをしたこともなく、ボスのコバーンさんがなんとなくまるをみとめてくれている、そんな間《あいだ》がらでした。

コバーンさんの名前を出したら、もう一人、クロの紋次郎《もんじろう》さんを忘れるわけにいきません。コバーンさんを東の横綱《よこづな》とするならまちがいなく西の横綱《よこづな》と呼ばれていた大物で、全身つやつやとした毛におおわれていた、きれいな黒ねこでした。

紋次郎《もんじろう》さんもあたり一帯《いったい》のボスねこでしたが、その評判《ひょうばん》を高めたのは、ある日のねずみ取りの場面です。紋次郎《もんじろう》さんは駐車場《ちゅうしゃじょう》のすみで日向《ひなた》ぼっこをしていましたが、どこからかねずみが一匹、ふらふらと飛び出して来ました。今にも飛びかかるか、と思われたのですが、紋次郎《もんじろう》さんは微動《びどう》だにせず、前足をそろえてすわっています。

と、どうしたことかそのねずみは、酔《よ》っぱらったように足もとをよろよろさせて、紋次郎《もんじろう》さんの方へ寄《よ》っていったのです。まるで吸《す》い寄《よ》せられるようだった、とは、その時遠くからようすを見ていた町のねこが、みんなに語ったことです。そのねずみがどうなったか、あえてお話しするまでもありませんね。ほかにも紋次郎《もんじろう》さんは、黒い服を着た人になついたものの、それが黒い色にだまされたのだとわかって（たぶん、自分と同じ黒ねこの仲間《なかま》だと思って親近感《しんきんかん》を持《も》ったのだろうと、あとでその人が言っていたとのことです）、そのあと同じ人に会っても知らんふりをしたり、そうかと思えば近所のおばさんたちから、「ねえ、紋次郎《もんじろう》？」と親しげに話しかけられるなど、街《まち》の人々にもかわいがられていたために、その死《し》をいたむ人が多かったのだと言われています。

かわいいねこさんたちもいました。ふくちゃんとふくツーと呼ばれていた親子のねこです。向かいに電気屋さんの事務所《じむしょ》があって、軽《けい》トラックが何台かとまっているのですが、ある雪の日、親子して軽《けい》トラックの屋根に上《のぼ》っては、傾斜《けいしゃ》しているフロントガラスの上を、ツツー、と肉球《にくきゅう》ですべって下《お》りるのです。最初はたまたまやってみて面白《おもしろ》かったのでしょうが、何度もくり返してやっていましたから、きっとやみつきになってしまったのでしょうね。ねこという生き物《もの》は、そんな遊《あそ》びごころをたっぷり持っているのです。

まるちゃんは、こんな個性的《こせいてき》なねこたちとお友だちでした。もちろんかわいい妹分《いもうとぶん》のみけちゃんとは、一緒《いっしょ》に暮《く》らしていますが、まるちゃんのものに動《どう》じない、そしてまわりのねこたちをゆったりとつつむ大らかさは、こうしたたくさんのねこの友だちとのまじわりから、はぐくまれたものでしょう。今日もまるちゃんは、お庭《にわ》のすみで通《とお》りをながめています。ときどきかたわらのみけちゃんをなでてやりながら、まるちゃんは、コバーンさんたち自分を磨《みが》いてくれたなつかしいねこさんたちを、思い出しているようでした。

注　媚《こ》びを売る　相手に気に入られようとして、下手《したて》に出ること。

読解シート　ねこのまるちゃん5　おもい出す友たち

①コバーンさんとクロの紋次郎さん、ふくちゃんとふくツーのうち、どのねこさんが好きですか。

〈　　〉

②①でえらんだねこさんのどんなところが好きですか。

〈　　〉

③まるちゃんがのら時代の友だちとのつきあいから大らかさをはぐくまれたことを、どう思いますか。

〈　　〉

④さいごにむかしの「友だち」のことをおもい出すまるちゃんは何を思っているのだと、あなたは感じましたか。

〈　　〉

⑤まるちゃんのそばには、いつも妹分のみけちゃんがいます。どう思いますか。

〈　　　　　　　　　　　　　　　　　　　　　　　　　〉

⑥自分（あなた）にとって忘れられない生き物の思い出を書いて下さい。

★シート記入と「シート解答例」とのチェックがすんだら、原稿用紙に感想文を書いてみましょう！

ゆめの山ざと　ありがとう、さようなら

とうとう、さおりが東京へ帰る日になりました。前の晩《ばん》むかえに来てくれたお父さんとおじさんが相談して、帰る前にすてきな滝《たき》に連《つ》れて行ってもらってから、特急列車《とっきゅうれっしゃ》で、新かん線に乗《の》りかえる豊橋《とよはし》まで行くことになりました。

特急は大海《おおみ》ではなく、町の中心の本長篠《ほんながしの》から乗《の》ります。豊橋《とよはし》まで、おじさんと明子ねえちゃんが見送りに来てくれることになりました。さおりは明子ねえちゃんと離《はな》れるのがとくにつらかったので、その気持ちを察《さっ》した明子ねえちゃんが、おじさんに頼《たの》んでくれたのです。さおりはますます、明子ねえちゃんが本当のお姉さんならいいのに、と思うようになっていました。

電車の中では、お父さんとおじさんが通路側《つうろがわ》に座《すわ》ってビールを飲《の》み、さおりは明子ねえちゃんと窓側《まどがわ》の席《せき》で向かい合っています。明子ねえちゃんが、この二週間楽しく過《す》ごしたおばあちゃんのうちのあたりのことを、教えてくれます。

「すぐに通過《つうか》するけど、こっち側《がわ》に長篠城《ながしのじょう》っていう駅があるわ。あの長篠《ながしの》の戦《たたか》いの最初の舞台《ぶたい》のね。」

さおりは今回来るまでは、前に少しだけ聞いた歴史《れきし》のことなどをむずかしいと思っていましたが、今度は明子ねえちゃんがわかりやすく話してくれたので、すこし興味《きょうみ》を持てるようになっていました。その長篠城《ながしのじょう》の駅はほんとうに小さな駅で、特急《とっきゅう》はあっという間に通り過《す》ぎます。

「駅を過《す》ぎたらすぐに長篠城《ながしのじょう》があるのよ。ほら、右上の方に木立《こだ》ちが見えて来たでしょう。春は桜《さくら》がきれいに咲くのよ。」

さおりが見上げると、丘のへりのところに緑の濃い木立《こだ》ちがつづいています。あれが桜なの、と聞こうとした時、ダダン、ダダン、ダダンと音がしはじめ、列車《れっしゃ》は鉄橋《てっきょう》にさしかかっていました。すぐにお父さんが、さおりの方を向《む》いて言います。


「今わたるのが、おばあちゃんのうちのそばの川(注1)だよ。お父さんも子どもの頃は、よくこのあたりまで遊びに来たもんだ。」

さおりはぱっと、しげるにいちゃんが夏にはよく川で泳《およ》ぐと教えてくれたことを思い出しました。

「ここまで泳《およ》いで来たの、おとうさん。」

するとお父さんは、おじさんと顔を見合《みあ》わせます。そしておじさんが言いました。

「いや、さおりちゃん。さすがにここまで泳《およ》いでは来られないよ。それよりね、ここのあたりを、この間話した鳥居《とりい》すねえもんさんが泳《およ》いでわたったんだよ。」

鳥居《とりい》すねえもんというのは、武田軍にとり囲《かこ》まれていた長篠城《ながしのじょう》から、たすけを求《もと》めるために、夜遅くに一人で泳《およ》いで囲《かこ》みをぬけ出し、徳川《とくがわ》と織田《おだ》のところへ注進（注2）に走った武士《ぶし》のことです。すねえもんが「たすけが来る」と知らせたために長篠城《ながしのじょう》はもちこたえ、あとのしたら原《はら》の決戦《けっせん》（注3）につながりましたが、すねえもんは怒《おこ》った武田軍《たけだぐん》に、はりつけにされてしまいました（注4）。ちょうど今鉄橋《てっきょう》をわたり終えた川岸《かわぎし》のそばに、すねえもんをたたえた碑《ひ》が残っているそうです。

「ふうん。鳥居《とりい》さん、自分をぎせいにしてお城《しろ》の人たちをたすけたの、おねえちゃん。」

さおりは明子ねえちゃんを見つめました。

「そうねえ。くわしいことはわからないけど、あたしたちも、鳥居《とりい》すねえもんのことは小学生の時に教《おそ》わったわ。郷土《きょうど》の英雄《えいゆう》の一人だ、って。」

その「鳥居《とりい》」の名前そのままの駅を通過《つうか》すると、次が大海《おおみ》です。さおりはおばあちゃんが、恋しくなりました。

「ねえお父さん、来年の夏休みも、ここへ来ていい？ううん、お正月も来たい。」

お父さんはうれしそうに、笑いながら言います。

「ああ、来年の夏休みは、おじさんにお願《ねが》いしておこう。でもお正月は、お母さんに相談しないとな。」

「うん、ちゃんとおうちのお手伝いして、お願《ねが》いしてみる。」

大海《おおみ》から三河東郷《みかわとうごう》、茶臼山《ちゃうすやま》にかけて、さおりはしたら原《はら》の古戦場《こせんじょう》のあとをながめていきます。なにか、とてもなつかしい感じがあります。お父さんの生まれ故郷《こきょう》で、おばあちゃんが住んでいるのだから、まちがいなくさおりにとっての「いなか」なのですが、それだけでなく、さおりは自分がここの子で、ここで育ったような気がしていたのです。

「お父さん、自由研究《じゆうけんきゅう》の生き物《もの》だけじゃなくて、作文《さくぶん》も、いなかのことを書いて出していい？ 読書感想文《どくしょかんそうぶん》か自由《じゆう》作文、どっちかでいいの。夏休みの宿題《しゅくだい》。」

お父さんは、ますますにっこりしました。

「ああ、それはもちろんだよ。わからないことがあったら、なんでも聞きなさい。」

「おねえちゃんにいっぱい教《おそ》わったから、たぶんだいじょうぶ。でも歴史《れきし》のことなんか、忘《わす》れてたら教《おし》えてね。」

お父さんはうなずきながら、明子ねえちゃんを見て言いました。

「そうか、すまないねあっこちゃん。受験勉強《じゅけんべんきょう》のじゃまにならなかったかい。」

明子ねえちゃんも、にこにこして答えます。

「おじさん、だいじょうぶです。お盆《ぼん》があけたら、ほら、夏期講習《かきこうしゅう》もあるから。」

明子ねえちゃんが指《ゆび》さす方に、新城《しんしろ》の町の中の、りっぱな学習塾《がくしゅうじゅく》が見えました。

「そうか、H先生のところに行ってるのか。がんばってな。」

「はい。」

新城《しんしろ》を出ると、特急《とっきゅう》はお稲荷《いなり》さまのある豊川《とよかわ》にとまって、その次は終点《しゅうてん》の豊橋《とよはし》です。さおりは豊橋《とよはし》が近づくと、夏休みが終わってしまうようなさびしさを感じました。そんなさおりの気持ちを知っていたのか、おじさんが明子ねえちゃんに、何かささやきました。すぐに明子ねえちゃんが、教えてくれます。

「さおちゃん。もしさおちゃんさえよかったら、お父さんとおじさん、今からビールを飲《の》みにいきたいけど、あたしたちにもお食事どうですか、って。」

明子ねえちゃんはにこにこしています。さおりは大きくうなずきました。そして駅の近くのレストランでお父さんたちがビールを飲《の》み、さおりは明子ねえちゃんと五平《ごへい》もちやアイスクリームを食べて、なごりを惜《お》しみます。さおりのひとり旅《たび》は終わりですが、いなかとのかかわり方が今までよりずっと深くなって、これからもっとたのしみな、ゆめの山ざととのおつきあいがはじまりそうです。さおりは心の中で、そっとつぶやきました。

「ありがとう、さようなら。」

注1　『国語のアクティブラーニング　音読で育てる読解力　小学2年〜4年対応2』の表紙写真の川。豊川《とよがわ》（地元《じもと》の通称《つうしょう》は寒狭《かんさ》川）。

注2　緊急事態《きんきゅうじたい》などを、上の立場《たちば》の人などに報告《ほうこく》すること。

注3　天正《てんしょう》三（一五七五）年の長篠《ながしの》の戦《たたか》いは、当初《とうしょ》は長篠城《ながしのじょう》を武田軍《たけだぐん》が攻《せ》める攻城戦《こうじょうせん》でしたが、有名な「三段構《さんだんがま》え鉄砲隊《てっぽうたい》」が武田軍《たけだぐん》の騎馬隊《きばたい》を撃破《げきは》したという決戦《けっせん》の場所《ばしょ》は、少し新城《しんしろ》よりの「設楽原」といわれる場所《ばしょ》でした。ここは近年《きんねん》「したらがはら」と呼《よ》ばれることが多いようですが、一九九〇年代ごろまでの地元《じもと》では、「したらはら」と言っていました。昭和五〇（一九七五）年五月刊の『歴史読本　特集長篠の戦い』（新人物往

来社）でも、「設楽原」に「したらはら」と読みがながふられています。

なお、この時の「三段構え鉄砲隊《さんだんがまえてっぽうたい》」にも、近年《きんねん》はいろいろな説《せつ》があるようです。

注4　鳥居強右衛門《とりいすねえもん》は、徳川・織田にたすけを求めてもどって来た時、武田軍《たけだぐん》につかまり、「たすけは来ない」と叫《さけ》べば、命はとらないと言われたのですが、ぎゃくに「たすけが来る」と叫《さけ》んだために、はりつけにされてしまったのだと言われています。はりつけとは、人を木の柱にしばりつけて、槍《やり》で突《つ》いて殺《ころ》す一つの処刑《しょけい》の方法です。

読解シート　ゆめの山ざと　ありがとう、さようなら

①自分とはなれることをつらく思っていたさおりのために、見送りすることを提案してくれた明子ねえちゃんの気持ちを、どう思いましたか。

〈　　　　〉

②長篠の戦いや「鳥居すねえもん」のことに、さおりのように興味が持てるようになりましたか。

〈　　　　〉

③「鳥居すねえもん」が、ころされるかも知れないのに「たすけが来る」と叫んだことを、どう思いますか。

〈　　　　〉

④さおりはおうちの手伝いをしっかりやって、お正月もいなかへへ来られるようになると思いますか。理由も書きましょう。

〈　　　　〉

⑤夏休みはまだ日数があるはずなのに、さおりは特急が豊橋に近づくと、夏休みが終わってしまうようなさびしさを感じたとあります。同じような気持ちになったことがありますか。

へ

⑥「ありがとう、さようなら」という心の中の言葉を、さおりはだれ（何）に向かってつぶやいたのだと思いますか。

⑦「ありがとう、さようなら」というさおりの心の中の言葉について、思ったことを書いて下さい。

★シート記入と「シート解答例」とのチェックがすんだら、原稿用紙に感想文を書いてみましょう！

ねこのまるちゃん6　いつまでも

桜《さくら》の花がすっかり散《ち》って、つつじの花が紅白のいろどりを見せている四月のなかば。おばあちゃんの喜寿《きじゅ》のお祝《いわ》いが開かれました。その日ははなれて暮《く》らしている、おかあさんの娘《むすめ》の花子さんも子どもを連《つ》れてかけつけ、おばあちゃんの妹のゆきばあちゃんもあわせて、総勢《そうぜい》六人と二匹《ひき》での、春の宴《うたげ》となりました。

喜寿《きじゅ》というのは、七十七才のことを言います。これは「喜《き》」の字を草書《そうしょ》で「㐂《き》」と書くことからだといわれます。また八十八才は米寿《べいじゅ》ですが、「米《べい》」という漢字を、上の点二つ、真ん中の十、下の左右のはらいに分解《ぶんかい》すると、「八」「十」「八」と読めますね。そして下の「八」は末広《すえひろ》がりでおめでたいので、むかしから米寿《べいじゅ》と呼《よ》んで、だいたいはお祝《いわ》いをするならわしなのです。

ほかにこうした長寿《ちょうじゅ》の言い方を紹介《しょうかい》すると、六十才が「還暦《かんれき》」。十二年ひと回りの十二支《じゅうにし》と、十年ひと回りの十干《じっかん》が六十年でぴったりもとにもどるので、暦《こよみ》が還《かえ》ることから還暦《かんれき》というそうです。そして七十才は「古稀《こき》」といいます。古来《こらい》（むかしから）稀《まれ》なり（大変めずらしい）、で古稀《こき》ということです。八十才は「傘寿《さんじゅ》」。「傘《かさ》」という字を省略《しょうりゃく》すると、「仐《さん》」になるので、まさにそのままというわけですね。さらに九十才は「卒寿《そつじゅ》」。これも「卒《そつ》」の略字《りゃくじ》が「卆《そつ》」であることから来ています。つぎに「白寿《はくじゅ》」が九十九才。「百」から「一」を取ると「白」だからです。そしてとうとう、「百寿《ひゃくじゅ》」（または百寿《ももじゅ》）になって、文字通り百才です。

花子さんは、まるちゃんがこの家に来たころは、まだこの家から勤《つと》め先に通《かよ》っていました。いつもまるちゃんをかわいがってくれましたが、しばらくするとおよめに行って、ときどき里帰《さとがえ》りをするたびに、大好物《だいこうぶつ》のししゃもを買ってきてくれるようになりました。もともとねこ好《ず》きですから、およめに行ってからおばあちゃんのうちで飼《か》われるようになったみけのことも、すぐに手なずけ、かわいがるようになりました。だからまるもみけも、今日は花子さんのおひざの上に重《かさ》なるようにして、のどをごろごろ鳴《な》らしています。まるもみけも、花子さんが帰って来てくれてうれしいのです。それに子どものあすかちゃんが小さいうちは、おひざの上はあすかちゃんせんようでしたから、あすかちゃんがまるのおかあさんのとなりにちょこんとすわれるようになって、まるたちが花子さんのおひざの上にもどれるようになったのでした。

「おばあちゃん、七十七才の喜寿《きじゅ》、おめでとうございます。去年《きょねん》の入院が大《たい》したことなくて、ほんとうによかったわねえ。」

おかあさんのあいさつで、かんぱいです。まるはまたたび酒《ざけ》がほしかったのですが、みけと同じ白酒《しろざけ》でがまんすることにしました。

「ありがとう。花ちゃんもあすかちゃんも来てくれて、ほんとにうれしいわ。」

花子さんは、この日のために編《あ》んできたマフラーを、おばあちゃんにさし出します。

「はい、おばあちゃん。もう季節外《きせつはず》れだけど、よかったら使《つか》って下さい。今年の冬も、来年の冬も、ずっと使《つか》ってもらえたらうれしいです。」

「あら、まあありがとう。じゃあまだまだ元気でいなくちゃいけないねえ。いったいいくつまでかしら。九十？それとも九十五？大変だねえ。」

「いいえおばあちゃん。卒寿《そつじゅ》でも百寿《ひゃくじゅ》でも、いつまでも長生きして下さい。あすかが大人になってよめ入りするぐらいまで。」

花子さんはあすかちゃんのかたをなでます。あすかちゃんははにかみながら、おばあちゃんにおじぎしました。ゆきばあちゃんが言います。

「まあおねえさん、大変ね。それじゃあわたしが、一足《ひとあし》先に向こうへ行ってますかねえ。」

そこでまるは、にゃあにゃあ鳴きながらゆきばあちゃんのおひざの上に移動《いどう》しました。おかあさんがつづけます。

「おばさん、だめですよ。おばさんはまるとみけの孫《まご》をみるまで元気でいて、って、まるが言ってます。」

みんなが爆笑《ばくしょう》しました。まるはちょっとしっぽをふってから、あと足で首のところをぼりぼりとかきます。人間たちの会話に入って、間《ま》をとることのできるのが、一人前のねこなのです。そしてまるは、このしあわせな家族《かぞく》の生活がいつまでもつづくようにと願《ねが》いをこめて、もうひとつにゃあんとゆったり鳴《な》いて、伸《の》びをしました。

読解シート　ねこのまるちゃん6　いつまでも

①桜のあとに目を楽しませてくれるつつじを知っていますか。知っている人は、どこで見たことがありますか。

〈　　　　　　　　　　〉

②還暦、古稀、喜寿、傘寿、米寿、卒寿、白寿、百寿などの言葉で知っていたものはありますか。

〈　　　　　　　　　　〉

③まるとみけが花子さんのおひざの上でのどをごろごろ鳴らしている場面を、どう思いましたか。

〈　　　　　　　　　　〉

④花子さんはおばあちゃんに、何才ぐらいまで長生きしてほしいと言っていますか。漢数字で「〜才ぐらい」と書きましょう。

〈　　　　　　　　　　〉

⑤まるはなぜ、花子さんのおひざの上からゆきばあちゃんのおひざの上に移動して、にゃあにゃあ鳴いたのでしょう。

〈　　〉

⑥さいごのところのまるの「にゃあん」という鳴き声と、伸びをした場面で、どんなふうに感じましたか。

〈　　〉

⑦自分（あなた）の身の回りで、長生きをお祈りするお祝いなどの席に出たことがありますか。ある人はそのことを、ない人はこの物語について思うことを、それぞれ書いて下さい。

〈　　〉

★シート記入と「シート解答例」とのチェックがすんだら、
原稿用紙に感想文を書いてみましょう！

もっちゃん6　けさも元気に

白いまつ毛《げ》がチャームポイントで、みんなに大人気《だいにんき》の、白しば（白いしば犬）のもっちゃん。けさも元気に、パパと坂《さか》のある街《まち》をおさんぽしています。八才になるころ、仲《なか》のよかった茶トラのねこさんに、「まだまだこれからだねえ。」と言われたもっちゃんも、今では十三才。人間におきかえるととうに七十才を過《す》ぎた、りっぱなシニアのわんちゃんになっていました。

じつは茶トラのねこさんは、もっちゃんがお友だちになってから一年もしないうちに、亡《な》くなっていました。そのことを、人間であるパパは知らなかったのですが、もっちゃんは親《した》しいねこさんの死を感じとって、茶トラさんのいる道のほうへ曲がらなくなっていたのです。きっともっちゃんには、茶トラさんからのお別れの声が、聞こえていたのでしょう。

もっちゃんは時々、茶トラさんのことを思い出します。それから、むかしおうちにいた金魚さんのことも。金魚のきんちゃんは、それはりっぱな金魚、ワキンでした。もっちゃんとともに家族《かぞく》のアイドルでしたが、せんぱいで、十三年を生き、体の大きさは、なんと二十センチ以上もありました。長生きの上、こんなに大きな金魚はいないと評判《ひょうばん》でしたが、ある年の春にとうとうみまかりました（注1）。もっちゃんのおうちのペットは、長生きの家系《かけい》なのかも知れません。そのきんちゃんのおはかに、しばらくの間もっちゃんはパパと一緒《いっしょ》に通《かよ》っていたのです。

そして、もともとねこ好《ず》きのもっちゃんですから、ほかのねこ科《か》の仲間《なかま》とも、心が通《かよ》いあっています。パパの友だちのおじちゃんの近所《きんじょ》のちびさんは、二十一才のとき飼《か》いねこになって、長生きしています。またそのちびさんの友だちのライオンのオトさんは、今年二十五才になる、日本一長生きのライオンさんです。なんでも佐渡島《さどがしま》にいたトキのキンさんが三十才まで長生きしたのを目標《もくひょう》にしているとかで、オトさん、ちびさんとつながる長生き同盟《どうめい》に入らないかと、ちびさんを通して話が来ています。

いくらなんでも、十才以上年上の大せんぱいたちとの同盟《どうめい》はおそれ多いと、もっちゃんは二の足をふんでいますが（注2）、パパは大乗り気です。みんなでオトさんに会いに行こう、というプランもひらめいたようですが、もっちゃんに長旅《ながたび》はきつそうだと気がついて、それはパパ一人の胸《むね》の中にとどめました。オトさんがいるのは愛知県《あいちけん》の動物園ですから、そこまで行くのには、途中何か所《とちゅうなんしょ》か、渋滞《じゅうたい》を覚悟《かくご》しなければなりません。もっちゃんはブウブでのお出かけは大好きですが、渋滞《じゅうたい》が大の苦手《にがて》。渋滞《じゅうたい》で車が動かなくなると、わんわんキャンキャン、もっちゃん大好きのパパでさえ困《こま》ってしまうほど、車の中で大さわぎとなるのです。ストレスはシニアのもっちゃんによくないですから、これはだめだという結論《けつろん》でした。

ほかにもっちゃんが苦手なのは、雷《かみなり》です。いつもはおうちの中にいますが、遠くでちょっとでも「ゴロッ」という音がすると、たちまちそわそわしはじめ、だんだんその音が近づいてくると、もう大変《たいへん》。おうちで一人でるすばんする時みたいに、へやじゅうを歩き回り、わんわんキャンキャンの大連続《れんぞく》です。近所に雷《かみなり》さんが落ちたりしたら、どうなってしまうのでしょう。家族《かぞく》みんな、その時はもっちゃんを抱《だ》きしめて安心させてあげられるよう、いつでもキャッチできる場所《ばしょ》で身《み》がまえて、はらはらしながらもっちゃんを見守《みまも》っています。

こんなもっちゃんですが、いつものおさんぽは天下《てんか》たいへい(注3、意気《いき》ようよう(注4としています。今日もおなじみのななちゃんのお宅《たく》で朝のあいさつをかわしてから、いつもの神社《じんじゃ》に向かいます。神社《じんじゃ》ではお気に入りのしろへびさまが、「やあ、おはよう」とむかえてくれます。そのしろへびさまも、岩国《いわくに》のきんたいきょう（注４のように生きているしろへびさまだと、もっちゃんはこわがりそうですが、いつもの神社《じんじゃ》のしろへびさまはつくりものですから、だいじょうぶなんです。このしろへびさまも、もっちゃんが長生きできるよう、守《まも》って下さることでしょう。

道ゆく人たちも、やさしくもっちゃんを見守《みまも》っています。どうかみなさんも、もっちゃんの長生きを応援《おうえん》してあげて下さいね。

注１　みまかる・・・亡《な》くなる。死ぬ。

注２　二の足をふむ・・・一歩目はふみ出したが、二歩目をふみ出せないで、ためらうこと。思い切って行動できないこと。

注3　天下たいへい・・・心配することがなく、のんびり、ゆったりしているようす。
注4　意気ようよう・・・満足《まんぞく》そうにふるまうようす。
注5　岩国のきんたいきょう・・・山口県岩国市《いわくにし》にある、錦帯橋《きんたいきょう》というめずらしい橋。わたったところや、市内の何か所かに、天然記念物《てんねんきねんぶつ》であるシロヘビの観覧所《かんらんじょ》があります。

読解シート　もっちゃん6　けさも元気に

①「茶トラのねこさん」ともっちゃんは、仲良しでした。友だちのことをずっとおぼえているもっちゃんをどう思いますか。

〈　　　　　　　　〉

②もっちゃんのおうちの金魚「きんちゃん」は、金魚なのに二十センチ以上の大きさだったそうです。どう思いますか。

〈　　　　　　　　〉

③ねこのちびさん、ライオンのオトさんの「長生き同盟」に、もっちゃんは入った方がいいと思いますか。理由も書きましょう。

〈　　　　　　　　〉

④雷をこわがるもっちゃんに、雷が鳴っている時、どうしてあげるのがいいと思いますか。

〈　　　　　　　　〉

⑤茶トラさん、きんちゃん、ちびさん、オトさん、ななちゃん、しろへびさんなど友だちいっぱいのもっちゃんはどうですか。

〈　　　　　　　　　　　　　　　　　　　　　〉

⑥いつもおさんぽで、のんびりゆったり、満足そうに歩いているもっちゃんを、どう思いますか。

〈　　　　　　　　　　　　　　　　　　　　　〉

⑦もっちゃんが長生きできるように、もっちゃんへのおうえんの言葉を書いて下さい。

〈　　　　　　　　　　　　　　　　　　　　　〉

★シート記入と「シート解答例」とのチェックがすんだら、原稿用紙に感想文を書いてみましょう！

仁和寺《にんなじ》のお坊《ぼう》さん

京都の仁和寺《にんなじ》にいた、あるお坊《ぼう》さんのお話です。

お坊《ぼう》さんは年をとるまで、有名な石清水八幡宮《いわしみずはちまんぐう》にお参《まい》りしたことがありませんでした。そこである時、このまま死んでしまうのは何とも残念だ、足腰《あしこし》がじょうぶなうちにお参《まい》りしておこう、と思い立って、誰《だれ》もさそわず、一人で石清水八幡宮《いわしみずはちまんぐう》へ出かけました。

石清水八幡宮《いわしみずはちまんぐう》は、今の距離《きょり》の測《はか》り方で言えば仁和寺《にんなじ》から二十キロメートルあまり、歩いて四時間ぐらいだったと思われます。お坊《ぼう》さんは年をとったと言っても、今のように八十歳、九十歳という高齢《こうれい》ではありませんから、元気に歩いていきました。京都からそれほど遠い場所《ばしょ》ではないのですが、お寺に入ってからあまり外へ出るくらしではなかったので、見るものがみなめずらしく、自然《しぜん》と足どりもかるくなって、胸《むね》がはずむようです。

道のべに清水《しみず》ながるる柳《やなぎ》かげしばしとてこそ立ちどまりつれ

（道のほとりに、きれいな小川がながれていて、柳《やなぎ》が枝《えだ》をひろげている。その柳《やなぎ》の木かげがあんまり気持ちよさそうだったから、ちょっとのつもりで立ちよったが、つい長居《ながい》をしてしまったよ。）

ちょっと習《なら》ったことのある、そんな歌（注を口ずさみながら、歩いてゆきます。大きな川を何度かわたって川づたいにすすみ、小高《こだか》い山が見えてくると、人通りが多くなり、門前町《もんぜんまち》らしいふんい気になってきました。

そして、めざす石清水《いわしみず》についてみると、山のふもとに、立派《りっぱ》なお寺と神々《こうごう》しい神社《じんじゃ》がありました。お坊《ぼう》さんは信仰心《しんこうしん》をかき立てて、熱心にお寺と神社《じんじゃ》でお参《まい》りをしました。そして、はるばる来たかいがあった、これで満足《まんぞく》だ、となっとくして、仁和寺《にんなじ》へと帰っていきました。

さて仁和寺《にんなじ》にもどり、廊下《ろうか》を歩いていくと、親しい仲間《なかま》が、「おや、どこへ行ってきたの」という顔をしてお坊《ぼう》さんをむかえます。そこでお坊《ぼう》さんは言いました。

「いやあ、長年心の片すみに引っかかっていた石清水参《いわしみずまい》りを、とうとうやりとげましたよ。話に聞いていたのにもまして、ありがたい八幡様でした。ありがたやありがたや。

それにしても、お参《まい》りした人が、みんな、山へ登っていたんですが、なにがあったんでしょうねえ。気にはなったんですが、自分の目的《もくてき》は神様にお参《まい》りすることだと思って、山までは見なかったんですよ。」

仲間《なかま》はちょっと気の毒《どく》そうな、困《こま》った顔をしましたが、何も言わず、深々《ふかぶか》と頭を下げて、奥《おく》の方へ歩いていきました。

ほんのちょっとしたことでも、案内人《あんないにん》というのは必要《ひつよう》だということのようですねえ。

（注　ここで「歌」というのは、五・七・五・七・七の形式である「短歌《たんか》」です。いまではこの時代《じだい》（古文《こぶん》といいます）のものについては、「和歌《わか》」と呼《よ》ぶことが多いです。ほんとうはここで取り上げた歌は、このお話よりも百年ぐらい前に生きた「西行《さいぎょう》」という歌人《かじん》の歌で、仁和寺《にんなじ》のお坊《ぼう》さんがこの歌を知っていたかどうか、もちろんわかりません。ただ、お坊《ぼう》さんのこの時の気持ちにふさわしいと思われるので、この場《ば》でお借《か》りしてみました。

（原典　『徒然草《つれづれぐさ》』仁和寺《にんなじ》にある法師《ほうし》）

読解シート　仁和寺のお坊さん

①このお話（似たようなものでも）を、見たり、読んだりしたことはありますか。あれば、どんな形だったか教えて下さい。

〈　　　　　　　　　　　　　　　　　　　　〉

②お坊さんが、死ぬ前に石清水八幡宮にお参りしたいと思った気持ちを、どう思いますか。

〈　　　　　　　　　　　　　　　　　　　　〉

③石清水八幡宮へ向かう時の、お坊さんの「胸がはずむような」気持ちを、どう思いますか。

〈　　　　　　　　　　　　　　　　　　　　〉

④「道のべに清水流るる・・・」の短歌について感じたことを、書いて下さい。（　）の中の説明をもとに考えましょう。

〈　　　　　　　　　　　　　　　　　　　　〉

⑤ほんとうは「石清水八幡宮」は、どこにあったかわかりましたか。わかったら、その場所を答えて下さい。

〈　　〉

⑥お坊さんが、ふもとのお寺と神社だけをおがんで、満足して帰ってしまったことについて、どう考えますか。

〈　　〉

⑦お坊さんは、ほんとうはどうすればよかったと思いますか。

〈　　〉

⑧お坊さんにこの話を聞かされた仲間の人は、どんな気持ちになったと思いますか。あなたの考えを書いて下さい。

〈　　〉

★シート記入と「シート解答例」とのチェックがすんだら、
原稿用紙に感想文を書いてみましょう！

あとに

巻頭にも記した通り、『国語のアクティブラーニング　音読で育てる読解力　小学5年〜中学2年対応1』を皮切りに国語教材を主とした出版事業をはじめてから五年が経過し、〈真の国語〉教育として、ここまでのひとつの形をととのえることができました。お世話になった方々、とりわけ言問学舎でこの〈真の国語〉を学んでくれた生徒（卒業生）と保護者のみなさま、またこのシリーズを購入して学んで下さった方々に、衷心よりお礼を申し上げます。

この五年の間に、国語に関する部分だけでも、教育界には大きな変化がありました。ひとつは大学入試センター試験が大学入学共通テストに変わったこと、今ひとつは高校二年次、三年次の「現代文」が「論理国語」または「文学国語」に置きかえられたことです。

前者は当初、役所の条例や駐車場の契約書の条文が導入されると取り沙汰され、また受験生が文章記述の解答をすることが目玉とされていましたが、結果的にどちらも見送られました。ただ、従来のセンター試験では出されていなかった「資料を比較する」「複数の意見の中から題意に沿ったものを選ぶ」という出題が「共通テスト式」ともいうべき特徴となっていて、これに苦労する受験生も多いようです。特にあとのパターンで苦しむのは、文章を自分の身に引きつけて読み、考えることに慣れていない人でしょう。巻頭の〈真の国語〉の定義に示してある、「文章の本質を読みとる力を育み、さらに学習者自身の人間性をその本質と向き合わさせ」る学習は、国語の勉強として本来当然あるべきことなのですが、それが多くの国語教育の場で、不足しているのであろうことがうかがわれます。

「論理国語」「文学国語」について、ここでは多くを述べませんが、「論理国語」の教科書に掲載されている文章の中には、事実の羅列と言っても過言でないものが見受けられます（文章の力、言葉の力で迫って来て、多くのものを受けとめさせる力のある文章ではないという意味です）。また、難解な中にも読者の人間性に迫る迫真力を持つ評論文は、教える側の力量次第で深い読解力を育むことに有益なものもありますが、基本的には、読者の人間性に働きかけ、その根幹の部分から思考や認識を動かすことができる文章は、「文学国語」の方により多く含まれているのではないでしょうか。

本書（「小学2年〜4年対象3」）はシリーズ最終巻として、〈真の国語〉の定義通りの国語学習ができる現時点での完成形で、高学年用の「小学5年生以上対象1〜3」への、内容的な橋渡しの位置づけともなっています。そして「小学5年生以上対象1〜3」のすべてを学ぶと、この文章の前段で述べたような、中学・高校段階での読書および各ジャンルの文章を深く読みこむための真の読解力が、十分に養われることでしょう。

言問学舎の国語教材は、このあと新シリーズとして、『スーパー読解「舞姫」』につづく「スーパー読解」シリーズの刊行を計画しています。日本文学の名作を深く読みこむことで〈真の国語〉を追究していく内容ですが、中学、高校の教科書に掲載されている作品を主対象とする考えです。ひきつづき言問学舎の国語教材で国語を深く学んでいただけるようお願いして、ごあいさつとさせていただきます。

言問学舎舎主　小田原漂情

令和六（二〇二四年）年五月一日

言問学舎の刊行物および小田原漂情著作一覧

◇言問学舎の刊行物

『国語のアクティブラーニング　音読で育てる読解力小学５年〜中学２年対応１』
　２０１９（平成３１）年３月
『国語のアクティブラーニング　音読で育てる読解力小学 2 年〜4 年対応１』
　２０１９（令和元）年６月
『文語文法の総仕上げ』小田原漂情編著
　２０１９（令和元）年１０月
『国語のアクティブラーニング　音読で育てる読解力小学 2 年〜4 年対応 2』
　２０２０（令和２）年８月
『たまきはる海のいのちを - 三陸の鉄路よ永遠に』小田原漂情著
　２０２１（令和３）年３月
歌集『猛禽譚』石井綾乃著
　２０２２（令和４）年４月
『国語のアクティブラーニング　音読で育てる読解力　小学５年生以上対応２』
　２０２２（令和４）年月
『スーパー読解「舞姫」』　小田原漂情編著
　２０２３（令和５）年５月
『国語のアクティブラーニング　音読で育てる読解力　小学５年生以上対応３』
　２０２３（令和５）年８月

◇小田原漂情著作

歌集『たえぬおもひに』１９８８（昭和６３）年５月（画文堂版）※絶版
歌集『予後』１９９１（平成３）年６月（画文堂版）
エッセイ集『遠い道、竝に灰田先生』１９９２（平成４）年１０月（画文堂版）
歌集『Ａ・Ｂ・Ｃ・Ｄ』１９９３（平成５）年６月（画文堂版）
歌文集『わが夢わが歌』１９９７（平成９）年６月（私家版。小田原明子と共著）
歌集 『奇魂・碧魂』１９９８（平成１０）年１１月（ながらみ書房版）
『小説　碓氷峠』２０００（平成１２）年３月（画文堂版）
『小説 呼子谷／花祭りと三河紀行』２０００（平成１２）年１２月（豊川堂版）
小説『遠つ世の声』２０１４（平成２６）年７月（電子書籍版）
『小説 碓氷峠』２０１４（平成２６）年１０月（電子書籍版）
『小説 鉄の軋み』２０１４（平成２６）年１０月（電子書籍版）
物語集『漂情むかしがたり』２０１５（平成２７）年１月（電子書籍版）
『海の滴』（電子書籍版）２０１５（平成２７）年9月小説
『たまきはる海のいのちを - 三陸の鉄路よ永遠に』
　２０２１年（令和３）年３月（言問学舎版）

★「言問学舎版」の書籍はすべて一般書店ならびにネット書店からご注文いただけます。また小田原漂情著作(絶版、私家版を除く)を含め、言問学舎への注文も可能です。

国語のアクティブラーニング
音読で育てる読解力
小学2年～4年対応　3

著者　小田原漂情

発行　有限会社言問学舎
東京都文京区西片二－一二－一二
電話　〇三（五八〇五）七八一七

印刷・製本　株式会社　嘉

二〇二四年五月一日初版発行

定価　二、二〇〇円
（本体二、〇〇〇円＋税一〇％）

ISBN978-4-9910776-9-2

国語のアクティブ・ラーニング

音読で育てる読解力

小学2年～4年対応　3

読解シート記述例・文例集

有限会社　言問学舎

国語のアクティブラーニング　音読で育てる読解力
小学2年〜4年対応3　読解シート記述例・文例集　目次

◇読解《どっかい》シートと感想文《かんそうぶん》の書き方

読解シートの質問《しつもん》に対《たい》する答えも、感想文も、思ったこと、感じたことをすなおに書いて下さい。「こんなこと書いていいの?」などと心配《しんぱい》することはありません（もちろんおふざけはいけません）。「読解シート記述例《きじゅつれい》や「文例《ぶんれい》」を、ヒントとして参考《さんこう》にして下さいね。

◇原稿用紙の使い方

・書きはじめや、段落《だんらく》を変えた場合《ばあい》、一マス目には字を書かず、空白《くうはく》にすること。
・「、」や「。」、かっこ、かぎかっこは一マス使うこと。ただし行の一番上に「、」や「。」が来る場合は、前の行の一番下のマスの右すみに書くこと（「、」や「。」を、一番上のマスに書いてはいけません）。
・数字は漢数字《かんすうじ》で書くこと。

・本のタイトル（書名《しょめい》）を書く場合《ばあい》と、かぎかっこの中でさらにかぎかっこを使う場合は、二重かぎかっこを使うこと。

※原稿用紙は、巻末《かんまつ》（この読解《どっかい》シート記述例《きじゅつれい》・文例集《ぶんれいしゅう》のいちばんうしろにあります。一枚ずつ切り取りできます。足りない時は、市販《しはん》の原稿用紙や、ワードからプリントアウトできる原稿用紙を使ってもかまいません。

読解シート記述例　もっちゃんのお誕生日

①犬やねこの十三才は、人間におきかえると六十才以上の高齢にあたるといいます。そのことをどう思いましたか。
〈とてもびっくりしました。〉

②若いころのもっちゃんがいろいろな人におなかを見せて「ごろん」をしていたことを、どう思いますか。
〈人なつっこくて、かわいいと思いました。〉

③もっちゃんの「悪魔顔（あくまがお）」を見てみたいですか。
〈かみつかないなら見てみたいけど、かみつかれるなら見たくないです。〉

④もっちゃんみたいに、「あまいケーキ」が好きなわんちゃんをどう思いますか。
〈自分と同じだと思いました。〉

⑤家族のみんなの食卓（しょくたく）がととのうころにケーキをぺろりとたいらげていたもっちゃんを、どう思いますか。またそのあとごしごしなでてあげたパパはどうですか。

〈それもまたかわいいなと思いました。また、やさしいパパだなと思いました。〉

⑥思ったことを、箇条（かじょう）書きにしてみましょう。

・もっちゃんはいろいろな人になでてもらって、幸せそうだなと思いました。

・あまいケーキを自分も食べたいと思いました。

・あくまがおは、とてもこわいだろうなと思いました。

★シート記入と「シート解答例」とのチェックがすんだら、
原稿用紙に感想文を書いてみましょう！

文例　もっちゃん5

もっちゃんのお誕生日①

ぼくは、この物語をよんでもっちゃんはひとなつっこくてかわいいなとおもいました。そのりゆうは、いろんなひとにおなかをみせるし、なでたらとてもよろこぶと思うからです。しかも小学生数人にいっせいにずっとなでられたらおもわずえがおをみせてくれるかも、とも思いました。けれどさいきんのもっちゃんがおこったときのあくまがおはあまり

20×10

みたくありません。そのりゆうはとてもこわいだろうし、かむかも知れないからです。かまないのならすこしはみてもいいけれどかむならたぶんみられません。しかもかぞくにまでそのかおをみせるのでしらない人だったら本気でかむとおもいます。

　あと、もしたんじょう日にでてくるケーキがあまくないと、食べるのをまつんじゃないかと思います。そのりゆうはかぞくといっしょにたべたほうがおいしいし、きゅうにあま

20×10

くなくなったらしょくよくがおちるかもしれ
ないからです。だからそう思いました。

20×10

文例　もっちゃん5

もっちゃんのお誕生日②

　ぼくはこの物語を読んで、犬や猫の十三才は人間では六十才以上だということに驚きました。なぜかというと、人間では十三才は、中学一年生や中学二年生と若いですが、犬や猫の十三才は人間で言う六十才以上で高齢だからです。

　いろいろな人にお腹を見せて「ごろん」をしていた若いころのもっちゃんは警戒心がな

20×10

くて、人懐っこいと思います。もし、僕がもっちゃんだったら恥ずかしくてお腹を見せられないです。

　ぼくはもっちゃんの悪魔顔が見てみたいです。なぜかというと、わんちゃんの可愛い顔はよく見ますが、わんちゃんの悪魔顔はあまり見たことがないからです。

　もっちゃんみたいに「甘いケーキ」が好きなわんちゃんはかわいらしいと思います。でも、わんちゃん用のケーキが人間のケーキよ

20×10

りも甘くないのは残念です。

　家族のみんなの食卓がととのうころにケーキをたいらげていたもっちゃんは食いしん坊だと思います。早く食べたくて待ちきれなかったんだと思います。パパは、もっちゃんがケーキを食べて幸せな顔を見て嬉しかったんだと思います。ぼくがパパだったら、先に食べたもっちゃんにすこし注意します。

20×10

読解シート記述例　ゆめの山ざと　帰りたくない！

①あなたもどこか遠く、また知らないところへ行き、最後に帰りたくない、と感じたことはありますか。くわしく教えて下さい。
〈家族と旅行に行ったとき、山のながめがすばらしく、水もきれいで、ずっとここにいたいと思ったことがあります。
②東京に住んでいるさおりの方がうらやましいと言った明子ねえちゃんの気持ちはわかりますか。自分の町はどうですか。
〈ぼくは東京生まれで東京育ちなので、実感としてはよくわかりません。うちのあたりは木々も多くて、感じはいいです。
③さおりは、明子ねえちゃんが自分の家に住むかも知れないと聞いて、すぐ大喜びしました。どう思いますか。
〈わたしもずっとこのお話を読んできて、明子ねえちゃんみたいなお姉さんがほしいとおもったので、よくわかります。
④明子ねえちゃんは高校受験のために一生懸命勉強しています。「受験」について、どう思いますか。
〈受験勉強は本当に大変だと思う。明子ねえちゃんみたいに目標がはっきりしている人は、頑張れるのかな。

⑤さおりは「自由研究の提出」のことを思い出して、気持ちが前を向いたようです。そんなさおりをどう思いましたか。

へ何かにいっしょうけんめい打ちこめることは大事なことだし、いいことだと思います。また、そんなふうにさおりに気づかせてあげられる明子ねえちゃんが、すごいと思います。

⑥思ったことを、箇条（かじょう）書きにしてみましょう。

・「帰りたくない！」とさけんださおりの気持ちがよくわかる。
ずっといなかにいられたらいいのに。
・特急電車で見送りをしてもらえるなんて、うらやましいと思いました。
・四年生、五年生、六年生と、毎年のさおりのいなかへの旅のお話を、読みたいと思いました。

★シート記入と「シート解答例」とのチェックがすんだら、
原稿用紙に感想文を書いてみましょう！

文例

ゆめの山ざと　帰りたくない！①

　わたしはこの物語を読んで、帰る日の近づいたさおりが「帰りたくない」と思った気持ちが、よくわかりました。さおりのようにいなかの家ではありませんが、旅行やキャンプに行った時なんかに、わたしも帰りたくないと思ったことが、何度かあるからです。

　ましておりには、やさしくてすてきな明子ねえちゃんがいて、東京に帰る時はその明子ねえちゃんともさよならなのだから、よけ

20×10

いにそういう気持ちになるのでしょう。

　そんなさおりの気持ちをわかってくれて、自由研究のことを考えさせてさおりを前向きな気持ちにさせてくれた明子ねえちゃんは、ほんとうに人の気持ちがよくわかる、すてきな人だと思います。わたしにもこんなおねえちゃんがいたらいいな、と思うし、わたし自身も、こんなふうにまわりの人に気づかいができる中学生、高校生になれたらいいなと思いました。

20×10

　そんなすてきな明子ねえちゃんがいなかにいるのだから、さおりは東京に帰っても、ぜったいにさびしくなんかならないだろうと思います。来年もさ来年も、さおりはこのゆめの山ざとに来て、いろいろなものを見つけることでしょう。

20×10

文例　ゆめの山ざと　帰りたくない！②

　さおりはいなかから東京に帰る日が近づいて、帰りたくない、と明子ねえちゃんにうったえましたが、わたしはそのさおりの気持ちをちょっとふしぎに思いました。旅行などに行って、「帰るのいやだな」と思ったことはわたしにもありますが、自分の住んでいる家や町に帰りたくないということが、本当にあるのでしょうか。

　物語の中で明子ねえちゃんが言っています

20×10

が、東京や、そのまわりの「都会」に住んでいれば、本や洋服など、ちょっとお出かけすればたいていのものは手に入ると思います。ネット注文でも、だいたいすぐとどきます。
「いなかはそういうわけにいかないのよ」と明子ねえちゃんが言っていますが、そのことを聞いたあとも、さおりはまた「やっぱり帰りたくない」と言っています。よほどいなかが気に入ったのだと思いますが、ちょっとわたしにはその気持ちがわからないのです。

20×10

　さおりは、もともと生きもののの自由研究をしたくていなかへ行ったのですから、もともといなかの自然が好きな子なのかも知れません。そんなに好きになれるいなかがあるなんて、それはそれでうらやましいことだなと、わたしは思いました。

20×10

読解シート記述例　ねこのまるちゃん5　おもい出す友たち

①コバーンさんとクロの紋次郎さん、ふくちゃんとふくツーのうち、どのねこさんが好きですか。

〈ふくちゃんとふくツー。〉

②①でえらんだねこさんのどんなところが好きですか。

〈ねこが楽しいことをやるのはたまに見かけるけど、軽トラックのフロントガラスをすべりおりるのがかわいいから。〉

③まるちゃんがのら時代の友だちとのつきあいから大らかさをはぐくまれたことを、どう思いますか。

〈友だちづきあいが人生にえいきょうすると何かの本で読んだけど、ねこでもそんなことがあるんだと思いました。〉

④さいごにむかしの「友だち」のことをおもい出すまるちゃんは何を思っているのだと、あなたは感じましたか。

〈コバーンさんというねこが、とくにいんしょう的だったのではないかと思います。だからコバーンさんを思い出して、つぎつぎにみんなことを思い出したのでしょう。〉

⑤まるちゃんのそばには、いつも妹分のみけちゃんがいます。
どう思いますか。

〈まるちゃんは強いねこだから、みけは安心していつもそばにいると思います。〉

⑥自分（あなた）にとって忘れられない生き物の思い出を書いて下さい。

むかしうちにいたオウム。おばあちゃんの口ぐせをいつもまねしていました。やれ、どっこいしょ、と朝からばんまで言っていました。

★シート記入と「シート解答例」とのチェックがすんだら、
原稿用紙に感想文を書いてみましょう！

文例　ねこのまるちゃん5

おもい出す友たち①

ぼくはこの物語を読んで、ふくちゃんとふくツーが好きです。なぜかというと、傾斜しているトラックのフロントガラスで滑って遊ぶという可愛らしいところがあったからです。

まるちゃんが野良時代の友だちの交わりから大らかさをはぐくまれたことは、野良時代から良き友だちがいたことで良いことだと思

20×10

いました。ぼくだったらその友だちに感謝します。

まるちゃんのそばに妹分のみけちゃんがいることは家族の温もりを感じられて大事な仲間だと思います。兄弟と家族や親戚がいるのはとてもよいことです。

ぼくには生き物との思い出があります。小学三年生の頃によく公園に行っていました。そこで野良猫と出会いました。小学三年生の頃には数回しか会いませんでした。ぼくはそ

20 × 10

の猫に興味があったのでさわろうとしましたが、猫は逃げて近くの家に入ってしまったのでさわれませんでした。小学四年生の今は、公園に行く機会が少なくなりましたが、今でもその野良猫のことを思い出しています。

　最後に友達の事を思い出しているまるちゃんは、その友達への感謝や有難さを思っているのだと思います。

20×10

文例　ねこのまるちゃん5

おもい出す友たち②

　わたしはこの物語を読んで伝えたいことが二つあります。一つ目は、「まるちゃんのそばにはいつも妹分のみけちゃんがいます」と読んだとたん、私は妹がいないのでとてもうらやましいなと思ったことです。なぜなら、私はお兄ちゃん、お姉ちゃんがいて一番下なので、いつも友だちの妹を見るだけで、「いいなー、いつか妹がほしいな」と思っている

20×10

から、ある時友だちにそう言ってみました。すると友だちの答えは、「ぜんぜんよくないよー」だったので、なんでよくないのかな、と考えたことがあるからです。

　二つ目は、私にとってわすれられない生き物の思い出があることです。まるちゃんやみけちゃんもわすれられない友だちがいます。私はどうしても、あるのらねこたちがずっと忘れられません。家の近くでときどき会うのですが、毎回場所がちがいます。一ぴき目の

20×10

ねこは家の近くのやねの上にいて、やねの色がベージュっぽいはだいろで、その屋根の色とねこの色が、まったく同じ色なので、ねこがたまにやねに上っていると、見えづらくてこまるのです。二ひき目のねこは、家から少しはなれたところにいて、そのねこは一度しか見たことがないのですが、色はきれいな黒と白で、自転車をこいでいたら、そのねこがいました。まるちゃんを、いつかどこかで見かけられたらいいなと思いました。

20 × 10

読解シート記述例　ゆめの山ざと　ありがとう、さようなら

①自分とはなれることをつらく思っていたさおりのために、見送りすることを提案してくれた明子ねえちゃんの気持ちを、どう思いましたか。

〈とてもやさしいし、よく気のつく人だと思いました。〉

②長篠の戦いや「鳥居すねえもん」のことに、さおりのように興味が持てるようになりましたか。

〈なりました。夜、暗い時に、一人で川を泳いで行ったというところで、きょう味がわきました。

③「鳥居すねえもん」が、ころされるかも知れないのに「たすけが来る」と叫んだことを、どう思いますか。

〈「たすけが来ない」とさけび、自由になってから「たすけはくる」と言い直せばよかったのに、と思いました。

④さおりはおうちの手伝いをしっかりやって、お正月もいなかへ来られるようになると思いますか。理由も書きましょう。

〈なると思います。なぜなら、明子ねえちゃんたちのいるいなかへ行くために、一生けんめいお手伝いするはずだからです。

⑤夏休みはまだ日数があるはずなのに、さおりは特急が豊橋に近づくと、夏休みが終わってしまうようなさびしさを感じたとあります。同じような気持ちになったことがありますか。

へありません。でも、さおりは大海での生活がよほど楽しかったから、そういう気持ちになったのだと思いました。

⑥「ありがとう、さようなら」という心の中の言葉を、さおりはだれ（何）に向かってつぶやいたのだと思いますか。

明子ねえちゃんやおばあちゃんなど、いっしょにくらした人たちと、大海の山ざとに向かって言ったのだと思います。

⑦「ありがとう、さようなら」というさおりの心の中の言葉について、思ったことを書いて下さい。

とても楽しく、忘れられない思い出になって、もう一度行きたいという気持ちがよく伝わってきます。

★シート記入と「シート解答例」とのチェックがすんだら、

原稿用紙に感想文を書いてみましょう！

文例　ゆめの山ざと

ありがとう、さようなら①

ぼくは、「鳥居すねえもん」が、ころされるかも知れないのに「たすけが来る」と叫んだ時に、一たん「たすけが来ない」と叫び、にげてから、もう一度、「たすけが来る」と叫べばよかったと思いました。そうすれば、自分も助かるし、たすけが来ることも伝えられるからです。次に、さおりは、おうちの手伝いをしっかりやって、お正月もいなかへ来

20×10

られるようになると思います。なぜなら、さおりはいなかに帰りたそうだったから、家の手伝いを、しっかりやると思ったからです。

さらに、さおりが興味を持った、長篠の戦いや、「鳥居すねえもん」のことには、ぼくは、興味を持てないと思いました。理由は、ぼくは、過去におきた事件や、〇〇の戦いなどを知っても、なにも意味がないと、考えているからです。そして、自分とはなれることをつらく思っていたさおりのために、見送り

20×10

をすることを提案してくれた明子ねえちゃんを、やさしいなと思いました。なぜなら、ぼくならめんどくさくて、いかないからです。

　最後に、ぼくは、夏休みの日数はまだあるはずなのに、さおりみたいに、夏休みが終わってしまうようなさびしさを感じたことは、ありません。なぜなら、日数は、あまり気にしてないからです。

20 × 10

文例　ゆめの山ざと

ありがとう、さようなら②

私は、このお話を読んで自分とはなれることをつらく思っていたさおりのために、見送ることを提案してくれた明子ねえちゃんを、すごくやさしい子だと思いました。また、私のおねえちゃんだったらなと思います。長篠の戦いや、鳥居すねえもんのことについて、長い川を夜に一人でおよいでいったので少し興味がわきました。「鳥居すねえもん」がこ

20×10

ろされるかも知れないのに「たすけが来る」とさけんだことを、すごく勇気のある人だと感じました。

　さおりは、お家のお手伝いをしっかりやって、お正月もいなかへ来られるようになると思います。なぜなら、いきたいがためにお家のお手伝いをやるのだから、おかあさんもきっとゆるしてくれると思うからです。夏休みはまだあるはずなのに、豊橋に近づくと夏休みがおわってしまうと思ったさおりのような

20×10

ことは一度もありません。「ありがとう、さようなら」というさおりの心の中の言葉は、おばあちゃんやおじさん、いっしょに二週間すごしていた人たちや、山ざとに言っていると思いました。

そして「ありがとう、さようなら」というさおりの心の中の言葉について、すごく楽しくて、わすれられない思い出になったから、もう一度行きたいという気持ちが強く伝わってきました。私も同じ気持ちだと思います。

20×10

読解シート記述例　ねこのまるちゃん　いつまでも

①桜のあとに目を楽しませてくれるつつじを知っていますか。知っている人は、どこで見たことがありますか。
〈知っています。根津神社で毎年見ています。〉

②還暦、古稀、喜寿、傘寿、米寿、卒寿、白寿、百寿などの言葉で知っていたものはありますか。
〈還暦と米寿だけ、聞いたことはありました。なぜそういうのかという意味などは、はじめて知りました。〉

③まるとみけが花子さんのおひざの上でのどをごろごろ鳴らしている場面を、どう思いましたか。
〈ねこらしくて、幸せそうだと思います。よほど花子さんになついていたのだと思いました。〉

④花子さんはおばあちゃんに、何才ぐらいまで長生きしてほしいと言っていますか。漢数字で「〜才ぐらい」と書きましょう。
〈九十九才でも百才でも、いつまでも。〉

⑤まるはなぜ、花子さんのおひざの上からゆきばあちゃんのおひざの上に移動して、にゃあにゃあ鳴いたのでしょう。
〈ゆきばあちゃんにも長生きしてね、と言ってあげる意味と、「間をとる」ため。〉

⑥さいごのところのまるの「にゃあん」という鳴き声と、伸びをした場面で、どんなふうに感じましたか。
〈まるは、この家でみんなで幸せに長生きしたいと思っているのだと思うし、そこにいる人は、まるの声でなごむと思う。〉

⑦自分（あなた）の身の回りで、長生きをお祈りするお祝いなどの席に出たことがありますか。ある人はそのことを、ない人はこの物語について思うことを、それぞれ書いて下さい。
〈今までは特にありませんが、こんどおばあちゃんがそのどれかの年になる時は、うんとお祝いしてあげたいです。〉

★シート記入と「シート解答例」とのチェックがすんだら、
原稿用紙に感想文を書いてみましょう！

文例　ねこのまるちゃん　いつまでも①

　私はこの物語を読んで初めて知った言葉が
沢山ありました。
　まずは還暦です。十二支と十年ひと回りの
十干が六十年でぴったりともとにもどるので
六十才のことを還暦とよぶそうです。次に古
稀、喜寿とつづきます。古稀は七十才という
意味で、喜寿というのは「喜」の字を草書で
「㐂」と書くことからだと言われています。
さらに八十才のことは傘寿。「傘」、かさとい

20×10

う字を省略すると「仐」になるので上の八というう字と下の十を分けると八十になるため、傘寿とよばれているそうです。

　そのほかに、米寿は八十八才、卒寿は九十才。白寿は九十九才、百寿は百才です。

　このようなお祝いの言葉があるなんて知りませんでした。私はおばあちゃんと一緒にくらしていますが、このようなお祝いの言葉を使ったことがないので、今度おばあちゃんにねんれいを聞いて、お誕生日の時にこの言葉

20×10

を使ってお祝いしたいと思います。

20×10

文例　ねこのまるちゃん6　いつまでも②

「ねこのまるちゃん5」まで読んできて、とうじょう人物はまるとみけ、おうちのおかあさんとおとうさん、それにほかのねこやカナヘビぐらいでしたが、今回おかあさんのむすめの花子さんという人が出てきて、おもしろいと思いました。とくにまるもみけも、今ははなれて住んでいる花子さんによくなついているので、花子さんはよほどのねこ好きなんだろうかと感じました。

20×10

還暦、古稀、喜寿などの長生きした年れいの呼び方は、詳しくは知りませんでしたが、前におとうさんが「不惑《ふわく》だよ」と言っていたことがあるのを思い出し、関係のある言葉なのかと思いました。

ねこのまるちゃんまでがゆきばあちゃんに「長生きして」と言ったのにはおどろきました。でも、ねこを飼っている友だちが、ねこはぜつみょうなところで人の話に入って来て鳴いたりする、と言っていたので、そんなこ

20×10

ともあるのかと思いました。

　全体的に、ほんわかとしたあたたかいお話で、おばあちゃんたちに長生きしてほしいというみんなの気持ちが、伝わってきました。

20×10

読解シート記述例　もっちゃん6　けさも元気に

①「茶トラのねこさん」ともっちゃんは、仲良しでした。友だちのことをずっとおぼえているもっちゃんをどう思いますか。

〈ずっとおぼえているほど、ねこさんと仲が良く、死んでしまったのがかなしかったんだろうと思いました。〉

②もっちゃんのおうちの金魚「きんちゃん」は、金魚なのに二十センチ以上の大きさだったそうです。どう思いますか。

〈それだけみんながきちんとお世話をしてくれて、そのおかげでこんなにおおきくなったんだと思いました。〉

③ねこのちびさん、ライオンのオトさんの「長生き同盟」に、もっちゃんは入った方がいいと思いますか。理由も書きましょう。

〈・どちらでもいい。もっちゃんが入りたければ入るといい。

・入るのがいいと思う。みんなが長生きできそうだから。〉

④雷をこわがるもっちゃんに、雷が鳴っている時、どうしてあげるのがいいと思いますか。

〈大好物をあげ、気をまぎらしてあげるのがいいと思います。

ずっと一緒にいてあげるのも、大事だと思います。〉

⑤茶トラさん、きんちゃん、ちびさん、オトさん、ななちゃん、しろへびさんなど友だちいっぱいのもっちゃんはどうですか。

〈うらやましいです。いっぱい友だちがいて、毎日が楽しいのだと思います。〉

⑥いつもおさんぽで、のんびりゆったり、満足そうに歩いているもっちゃんを、どう思いますか。

〈毎日の生活がとても充実していると思います。ぼくももっちゃんのようになりたいです。〉

⑦もっちゃんが長生きできるように、もっちゃんへのおうえんの言葉を書いて下さい。

〈人生いやなこともあるかも知れないけど、楽しいこともいっぱいあるから、ちびさんやオトさん、ななちゃん、そして家族みんなといっしょに長生きできるように、がんばれ!もっちゃん!〉

★シート記入と「シート解答例」とのチェックがすんだら、原稿用紙に感想文を書いてみましょう!

文例　もっちゃん6　けさも元気に①

　僕はこの物語を読んで、もっちゃんは十三才（人間でいうと七十才）まで長生きしてるなんて、とてもすごいことだと思いました。

　亡くなってしまった茶トラのねこさんのことをずっと覚えているのは、茶トラさんにとってうれしいことだと思いました。もっちゃんは茶トラさんにとって良い友だったのだと思います。

　もっちゃんのおうちの金魚「きんちゃん」

20×10

の大きさが二十センチ以上もあって、びっくりしました。金魚屋さんでもあまり見かけないのでぜひ見てみたいです。

　もっちゃんはいつもゆったり、満足そうにおさんぽしていて、いいなと思いましたが、それはもっちゃんにはいろいろなお友だちがいるからだと思いました。ななちゃん、しろへびさんやちびさん、オトさんなどたくさんのお友だちと、長生きしてこれからもずっと元気に遊んで、おさんぽも楽しんでほしいと

20×10

思います。

ちびさん、オトさんとの長生き同盟に、もっちゃんは入るのがいいと思います。三匹のきずながよりみんなを元気にして、みんなが長生きできるかも知れないからです。

もっちゃん、十三才も長生きなんてすごいと思います。ぼくももっちゃんみたいに長生きしたいです。これからも長生き頑張って下さい！応援しています。

20×10

文例　もっちゃん6　けさも元気に②

ぼくはこの物語を読んで、もっちゃんは友だちがいっぱいいて、パパたち家族もいて、とっても幸せなんだろうな、と思いました。そして、もっちゃんは友だちやパパたち家族ととっても仲良しなんだ、とも思いました。

理由は、もう死んでしまった茶トラさんやきんちゃんのことを今でもずっと覚えているし、雷がこわいときだきしめてもらって安心できるというのは、それだけ家族と仲良しと

20×10

いうことだと思ったからです。

　またもっちゃんに長生きしてもらいたいとも思いました。

　理由はもっちゃんにずっと幸せでいてほしいからです。でも、ちびさんとオトさんの長生き同盟に入るかどうかはもっちゃんに決めてもらいたいです。入りたいなら入ればいいし、入りたくなければ入らなければいい。これはもっちゃんが決めることだ、と、そう思ったからです。それにもっちゃんは友だちも

20×10

家族もいるから、同盟に入らなくても別に幸せだろうし、長生きできるだろう、と思ったからです。

人生（犬生？）いやなこともあるかも知れないけど、楽しいこともいっぱいあるから、死んじゃった茶トラさんときんちゃんの分まで、友だちや家族といっしょにせいいっぱい長生きしてほしいです。がんばれ！もっちゃん！

20×10

読解シート記述例　仁和寺のお坊さん

①このお話（似たようなものでも）を、見たり、読んだりしたことはありますか。あれば、どんな形だったか教えて下さい。
〈ありません。〉

②お坊さんが、死ぬ前に石清水八幡宮にお参りしたいと思った気持ちを、どう思いますか。
〈とてもよいことだと思います。やれることはやれるうちにやっておいたほうが後かいせずにすむからです。〉

③石清水八幡宮へ向かう時の、お坊さんの「胸がはずむような」気持ちを、どう思いますか。
〈夢がかなえられるのだし、お坊さんもずっ思っていたことがかいけつしてとてもすっきりすると思いました。〉

④「道のべに清水流るる・・・」の短歌について感じたことを、書いて下さい。（　　　）の中の説明をもとに考えましょう。
〈柳の木かげがとても気持ちよさそうだと思いました。感想ですけど、その短歌がよまれた場所に行ってみたいです。〉

⑤ ほんとうは「石清水八幡宮」は、どこにあったかわかりましたか。わかったら、その場所を答えて下さい。

〈山の上です。〉

⑥お坊さんが、ふもとのお寺と神社だけをおがんで、満足して帰ってしまったことについて、どう考えますか。

〈残念です。人の流れに沿って行けばよかったと思います。または、山へ上って行こうとしている人たちに聞いて、山の上へ行くという方法もあったのではないかと思います。〉

⑦お坊さんは、ほんとうはどうすればよかったと思いますか。

〈山の上へ行くべきだったと思います。〉

⑧お坊さんにこの話を聞かされた仲間の人は、どんな気持ちになったと思いますか。あなたの考えを書いて下さい。

〈仲間の人は、気まずい思いをしたと思います。お坊さんが、せっかく石清水まで行ったのに、かんじんの八幡宮におまいりできていないのがわかったからです。〉

★シート記入と「シート解答例」とのチェックがすんだら、

原稿用紙に感想文を書いてみましょう！

文例　仁和寺のお坊さん①

ぼくは、この物語を読んで、自分がおぼうさんで、事実を知ったらとてもこうかいしていると思います。理由は、四時間かけて石清水八幡宮に行ったのにちゃんとおまいりできていなかったら、とても悲しいからです。もし、自分がおぼうさんに話をきかされた仲間の人だったらとても気まずいなと思います。なぜなら、言ったらとても気まずいふんいきになって、おぼうさんがとてもがっかりする

20×10

と思うからです。

もし、自分がおぼうさんがうたっていた短歌をおぼえたらうたってみたいと思います。なぜなら意味がとてもあかるいし、うたったら自分もうれしい気持ちになるからです。この物語がおしえたかったことは、ちょっとしたことでも、人といっしょにするのが大事だということだと思います。なぜなら人に言わずに行ってしまったことで、こうかいしてしまったからです。

20 × 10

文例　仁和寺のお坊さん②

　僕はこの物語を読んで、死ぬ前にお坊さんが、石清水八幡宮にお参りしたいという気持ちがとても良いことだと思いました。石清水八幡宮へお参りに行くなんて、相当素晴らしいことだと思います。お坊さんが胸がはずむような気持ちになったのは、心の片隅に残った夢をかなえられる時が来たからだと思います。

　お坊さんは、山の上に石清水八幡宮がある

20×10

なんて、知らなかったので、その事を仲間に知らせると仲間は気の毒になったのだと思います。お坊さんは、本当は石清水八幡宮で人の流れに沿って、山の上にも行っておけば良かったのだと思います。

　物語の途中で出た短歌は柳の木陰がとても気持ち良さそうな短歌だと思いました。僕もこんな気持ち良さそうな場所に行ってみたいです。

　僕はこのお坊さんのようになったことはな

20×10

いですけど、このようなことにはならないよ
うに気をつけたいと思います。おもしろいけ
どちょっとお坊さんがかわいそうで、いろい
ろ考えさせられるお話だと思いました。

20×10

作品名

／

氏名

言問学舎

200 160 120 80 40

作品名

／

氏名

言問学舎

40

80

120

160

200

作品名

／

氏名

言問学舎

200 160 120 80 40

作品名

／

氏名

言問学舎

200 160 120 80 40

作品名

氏名

言問学舎

200 160 120 80 40

作品名

氏名

言問学舎

40

80

120

160

200

作品名

氏名

言問学舎

200 160 120 80 40

作品名

氏名

言問学舎

200 160 120 80 40

作品名

氏名

200 160 120 80 40

言問学舎

作品名

氏名

言問学舎

40

80

120

160

200

作品名

／

氏名

言問学舎

40 80 120 160 200

作品名

氏名

言問学舎

200 160 120 80 40

作品名

氏名

言問学舎

200 160 120 80 40

作品名

／

氏名

200 160 120 80 40

言問学舎

作品名

氏名

言問学舎

40 80 120 160 200

作品名

氏名

言問学舎

40

80

120

160

200